DISCOURS
PRONONCÉS
DANS L'ACADEMIE
FRANÇOISE,

Le Lundi 19 Janvier M. DCC. LXI.

A LA RECEPTION

DE M. WATELET.

A PARIS, AU PALAIS,

Chez la V. BRUNET, Imprimeur de l'Académie Françoise.

M. DCC. LXI.

M. WATELET *ayant été élu par Meſ-ſieurs de l'Académie Françoiſe, à la place de M.* DE MIRABAUD, *y vint prendre ſéance le Lundi* 19 *Janvier* 1761, *& pro-nonça le Diſcours qui ſuit.*

Messieurs,

Vous comblez aujourd'hui mes deſirs. Vous m'accordez l'avantage de puiſer à leur ſource les beautés de tout genre, dont vos ouvrages m'ont offert les exemples : Vous m'admettez à jouir de tous les agrémens que renferme une Société reſ-pectable & célèbre d'hommes vertueux & éclai-rés. Quelle foule d'objets & de ſentimens s'offrent à mon eſprit, & naiſſent dans mon cœur ! mais quelle juſte défiance me fait appréhender, en même-temps, de ne pouvoir vous les peindre ſous des traits qui ſoient dignes de vous ! C'eſt devant les Maîtres de l'Eloquence que je vais

A ij

parler. Je fixe l'attention d'une Assemblée redoutable, dont la pénétration fait également démêler & l'orgueil qui se masque, & le goût qui peut s'égarer.

Si de ce point de vue qui m'intimide, je ramène un instant les yeux sur moi, j'apperçois de foibles talens exercés dans des momens de loisir, & plutôt encouragés qu'applaudis par l'indulgence publique. Je ne présente, pour justifier vos suffrages, qu'un goût vif & soutenu pour ces connoissances utiles, pour ces nobles talens, dont vous faites votre occupation. Je ne puis enfin vous offrir pour hommage que la reconnoissance inaltérable d'un cœur sensible & vrai.

Que cette reconnoissance, dont je suis vivement pénétré, n'est-elle, MESSIEURS, le seul devoir qui me soit prescrit! Mais un souvenir qui vous est cher, mérite une juste préférence sur moi-même. L'illustre Académicien que je viens remplacer, ou plutôt auquel je viens succéder parmi vous, excite dans vos cœurs des regrets que je partage. Les vertus de M. de Mirabaud, qui m'étoient connues, se retracent à mon esprit; & ces objets vraiment dignes de vous occuper, vont renouveller la douleur que vous ressentez de l'avoir perdu.

La vie de cet heureux Philosophe s'est prolongée parmi vous, MESSIEURS, dans la sérénité que donne la sagesse, & s'est terminée dans une vieillesse exempte de douleur & d'inquiétude. C'est ainsi qu'un Ciel pur & sans nuages perd, par une succession de nuances insensibles, la lumière qui l'avoit éclairé.

Le sage que vous regrettez, savant, sans chercher à le paroître, ami sincère & constant, montra toujours cette justesse d'esprit qui doit guider les talens, & cette droiture de l'ame qui est la première des vertus. Son caractère, éloigné de toute affectation, fut marqué par une franchise peu commune : cette franchise exempte d'amour propre, de fiel & de misanthropie, le rendit plus cher à ceux qui jouissoient de son amitié, & ne lui fit jamais d'ennemis. Et en effet, MESSIEURS, si la vérité blesse si souvent, n'est-ce pas moins par elle-même, que par les nuances de haine ou de mépris qui en altèrent la pureté ? Les hommes qui ont un besoin si grand & un desir si marqué de la connoître, ne la reçoivent-ils pas toujours favorablement, lorsqu'elle part d'un fond d'estime & de bienveillance, qu'ils ont droit d'exiger de tous leurs semblables, & sur lequel ils ne se trompent jamais ?

M. de Mirabaud, toujours semblable à lui-même, dans le cours d'une longue carrière, résista à l'ardeur précipitée de se distinguer, qu'inspire trop souvent la jeunesse, & ne céda point à la nonchalance qui, même avant l'âge avancé, dégénère quelquefois en une oisiveté méprisable, qu'on peut regarder comme une mort prématurée.

Sa gaieté naïve, sa modération constante, son

activité douce, l'accompagnèrent jufqu'aux derniers temps de fa vie.

Quel fentiment d'eftime & de refpect ne mérite pas cette philofophie, la feule véritable, qui dans un jufte équilibre des mouvemens immodérés du cœur & de l'efprit, offre l'exemple continuel d'un ame tranquille & fatisfaite ; fait réfifter aux attraits des prétentions ambitieufes fi impatiemment fouffertes, & aux appas de la fupériorité fi difficile à obtenir, & fi rarement heureufe !

Rendons cependant, MESSIEURS, rendons un jufte tribut d'admiration à ces hommes rares qui, entraînés par l'activité de leur génie, & défignés par la nature elle-même pour occuper les premiers rangs dans l'ordre de l'efprit, & pour décider le caractère de leur fiècle, s'impofent, à ces titres, des devoirs dangereux & des travaux pénibles. Ils fouffriront, à leur tour, qu'on accorde un hommage, non moins jufte, & peut-être plus volontaire, à ceux qui apportent dans la République des Lettres les qualités précieufes de M. de Mirabaud. Eh ! comment ne pas fouhaiter en effet, quand on a eu l'avantage de jouir de fon commerce, qu'une fociété entière d'hommes femblables exiftât quelque part ! Qui pourroit ne pas fe livrer aux idées fatisfaifantes du bonheur folide, & du calme durable qu'on verroit y régner ?

Jaloux de cette paix fortunée, compagne de la modeftie, l'homme de Lettres vraiment eftimable que vous regrettez, ne fe permit, pour faire connoître fes talens, ou pour accroître fa fortune, ni la foupleffe de l'intrigue, ni l'importunité d'une ambition déclarée.

Le foin d'éclairer fon efprit, & de gouverner fon cœur, les charmes de l'étude, les douceurs d'une fociété fure & peu nombreufe, le calme & l'égalité d'une vie retirée & paifible, le dédommageoient des plaifirs, fouvent exagerés, d'une vie répandue, & des avantages, toujours dangereux, de la fortune. Il jouiffoit enfin de ce bonheur, dont la poffeffion échappe à tous les moyens qu'on employe pour l'acquérir, lorfqu'ils ne font pas approuvés par la fageffe & dirigés par la vertu; lorfqu'un Prince, jufte appréciateur du mérite, vint au fein de la retraite lui demander le facrifice de fa liberté. Nommé pour être l'Inftituteur des jeunes Princeffes d'Orléans, M. de Mirabaud juftifia la confiance du Régent. Il ne ceffa jamais de donner à fes Bienfaiteurs les marques les plus conftantes d'une reconnoiffance fentie & méritée, & nous l'avons vu refter en poffeffion des graces que les Princes de cette Maifon augufte & chérie confervent toujours à ceux qui les ont juftement acquifes.

C'eft dans la jouiffance paifible des fruits honorables de fes travaux, que fe livrant à fon goût pour l'étude, il enrichit notre Littérature des beautés immortelles du Taffe & de l'Ariofte, & qu'il mérita, MESSIEURS, d'obtenir une place parmi vous.

Sublime Auteur de la Jérusalem délivrée, en vain le Législateur du goût prononça sur vous un Arrêt trop sévère, contre lequel a déjà réclamé la postérité, dont le droit est de juger les jugemens! La Poësie, ce parfait accord de la Peinture & de l'Harmonie, fait exprimer dans vos Poëmes enchanteurs, les sentimens nobles & héroïques, les douces foiblesses de l'Amour; & vous plairez, tant qu'il y aura parmi les hommes des ames généreuses & des cœurs sensibles.

Vous, incomparable Arioste, dont la gaieté vive, naturelle & soutenue, sourit avec grace, avec finesse & sans amertume, aux erreurs de l'humanité; vous recevrez, ainsi que le Tasse, les louanges qui vous sont dues parmi les Nations éclairées.

Tous deux si différens dans la forme de vos ouvrages, & si profonds dans la connoissance de votre Art; vous nous apprendrez que le succès des Poëmes dépend, moins qu'on ne le pense, des imitations empruntées, ou des systêmes établis; vous nous ferez connoître que tout Poëte peut aspirer à l'immortalité, s'il a l'art de présenter aux hommes avec vérité, ce qu'ils sentent & ce qu'ils voyent; c'est-à-dire, s'il sait développer le cœur & peindre la nature.

Instruit de ces principes, sensible aux beautés des Auteurs, dont il s'occupoit, M. de Mirabaud avoit l'art de les découvrir à ceux qui s'en entretenoient avec lui. C'est dans ces conversations utiles que j'osai former le projet de joindre à ses

Traductions

traductions correctes & élégantes, des imitations poëtiques de ces Auteurs célèbres; imitations dans lesquelles je chercherois moins à suivre pas à pas mes modèles, qu'à parler leur langage, & à me laisser pénétrer par leur génie. Je ne prévoyois pas alors, MESSIEURS, que les premiers essais de ce travail qu'il m'avoit suggeré lui-même, & sur lequel il avoit des droits si justement acquis, vous seroient offerts à titre d'hommage dû à sa mémoire, & comme un gage du zèle qui va m'animer à marcher sur ses traces, en partageant vos travaux.

C'est à ces travaux, MESSIEURS, que vous daignez m'associer aujourd'hui. La pureté & la perfection d'une Langue destinée à immortaliser les deux siècles les plus brillans d'une Nation florissante, sont les objets de vos soins académiques.

Seroit-ce trop hasarder que de joindre au tribut de ma reconnoissance quelques réflexions générales sur les progrès que l'esprit, en se développant parmi nous, a fait éprouver à cette Langue, dont vous faites votre principale occupation? Non, MESSIEURS, vous présenter ces légères esquisses, vous soumettre ces premières idées, c'est le moyen de les approfondir; c'est le moyen de m'éclairer. Eh, puis-je trop tôt vous engager à me communiquer les lumières que je viens chercher parmi vous!

Dans la progression que j'envisage, je crois remarquer trois époques distinctes; & ces trois époques faciles à saisir sont peut-être communes à tous

B

les Peuples qui ont cultivé les Sciences & les Lettres.

Pendant la première qui tient aux siècles d'ignorance, la Langue Françoise n'étoit qu'un mêlange imparfait de différens idiômes, & ses accroissemens n'étoient dûs qu'aux innovations pédantesques des faux Savans : alors copistes serviles, nous ne reconnoissions, comme dignes de louanges, que des beautés qui nous étoient étrangères. Notre Littérature sans goût qui nous fut propre, sans liaison de principes, sans idées approfondies, n'étoit guidée que par des imitations stériles des chefs-d'œuvres de l'Antiquité. Tout ce qui portoit son caractère, faisoit naître une admiration d'autant plus aveugle, qu'elle ne savoit pas distinguer, dans les ouvrages des Anciens, les taches légères qui les déparent quelquefois, d'avec les beautés sublimes qui les immortalisent, & la Nation peu instruite adoptoit cette admiration empruntée.

Ces premiers temps obscurcis par les ombres de la barbarie, étoient prêts à se terminer, lorsque cette illustre Académie prit naissance. Votre établissement annonça le second âge ; cet âge brillant dans lequel des hommes à jamais célèbres, en rendant un légitime hommage aux beautés des Anciens, dont ils étoient pénétrés, ne se crurent point destinés à être leurs esclaves.

On les vit s'approprier l'héritage des Grecs & des Romains ; & de ces fonds heureusement cultivés, recueillir une moisson de beautés qui leur étoient propres. On les vit produire des ouvrages où les principes puisés dans la nature même, & les idées primitives, apanage de tous les peuples qui pensent, se montroient indépendans de l'imitation servile.

Ce fut alors que la Langue Françoise secoua le joug sous lequel elle avoit langui pendant des siècles de trouble & de désordre trop long-tems prolongés. Prête à jouir de la gloire qui lui étoit réservée, elle se hâta de renoncer aux constructions traînantes & embarrassées qui s'opposoient à sa clarté, aux termes barbares qui se refusoient à l'harmonie ; & elle se montra tout-à-coup propre à tous les genres.

Mais ce n'étoit pas assez que la Langue se fût perfectionnée par les travaux heureux des plus célèbres Ecrivains ; l'élocution devenue plus pure, méritoit d'être plus répandue : les principes de tous les genres de littérature, liés les uns aux autres & simplifiés, devoient passer de ceux qui composoient des ouvrages à ceux qui étoient destinés à en jouir : non-seulement toute la Nation avoit droit aux nouvelles richesses de la Langue ; mais l'Europe entière en l'adoptant, devoit rendre hommage à ses succès ; & cette dernière progression qui caractérise la troisième des époques que j'ai eu dessein de distinguer, se fait sentir dans le siècle heureux où nous vivons.

C'est, Messieurs, pour établir ces loix simples, & pour les répandre ; c'est pour fixer aussi dans notre élocution les différens caractères d'élo-

B ij

quence dont elle est devenue susceptible, que vous avez voulu sans doute rassembler dans votre illustre compagnie, avec les dépositaires des grandes vérités de la Religion & de la Morale, les interprêtes des sciences, & les hommes célèbres qui cultivent les Beaux Arts.

Vous avez senti, Messieurs, que la Religion pure & divine, débarrassée des erreurs de la superstition, réduite à des expositions simples, majestueuses & développées, telles que nous les offrent les Bossuets & les Flechiers, fourniroit à jamais les principes & les modèles de la plus noble éloquence, de cette éloquence de pensées & d'expressions qui naît du sentiment profond de ces objets sublimes.

Vous avez prévu que les sciences rompant les chaînes de l'erreur, pour s'élancer vers la vérité, deviendroient communicatives, & si j'ose m'exprimer ainsi, patriotiques : que renonçant à ces mystérieuses énigmes qui cachoient autrefois l'inexactitude de leurs procédés, à ces obscurités puériles qui déroboient leurs marches incertaines, elles offriroient des notions précises, & des rapports évidens entre les différentes connoissances. Vous avez jugé que par ces travaux dirigés à l'avantage général de la Littérature, s'établiroit de plus en plus un choix de mots propres, (source de la clarté du discours), un ordre méthodique dans l'enchaînement des idées qui caractérise l'éloquence des sciences ; & qu'on verroit naître cette brillante élocution, qui de nos jours & fous vos yeux, fait à la fois développer toute la nature, l'approfondir, la peindre, & fe mefurer, pour ainfi dire, à l'immenfité de l'Univers qu'elle parcourt.

Enfin, Messieurs, vos regards pénétrans ne pouvoient manquer de démêler une troifième fource, digne de joindre à ces tréfors, les agrémens qui lui font propres. Les Arts, ces interprêtes occupés fans ceffe à développer à l'efprit & au cœur humain, le langage, les droits & les charmes de la nature, les Arts reçus & accueillis parmi vous, fe difpenferoient-ils de contribuer au bien commun ? Non, Messieurs, ils joindront à leurs chefs-d'œuvres l'expofition de leurs principes, la connoiffance de leur méchanifme : ils auront en partage ces peintures vives & animées, ces traits pathétiques & touchans, ce coloris fi féduifant qui leur eft propre, & par ces reffources inépuifables de tours figurés qui animent le langage, ils y répandront la chaleur & les graces qui forment leur éloquence particulière.

Que ne puis-je, par un ufage heureux de ces richeffes, vous rappeller, Messieurs, d'une façon digne du fujet & de vous-mêmes, les Protecteurs à jamais célèbres, qui contribuant tous par l'établiffement ou le foutien de cette favante Académie, à votre gloire & à celle de la Nation, méritent un tribut toujours renouvellé & toujours inépuifable de louanges.

Avec ces différens genres de talens que je vois

rassemblés parmi vous, je peindrois votre illustre Fondateur, préparant dans des temps de trouble, l'ordre qui soutient les Empires, & dans des jours de ténèbres, la lumière qui doit les éclairer. J'oserois le représenter, raffermissant à la fois une Monarchie ébranlée, & fondant une Aristocratie littéraire; resserrant d'une main, dans les nœuds de la subordination, les ordres les plus élevés de l'Etat; & dénouant de l'autre le lien de l'inégalité des conditions & des rangs, en faveur des Sciences & des Lettres, qui ne fleurissent qu'autant qu'elles sont libres & honorées.

Dans un portrait qui ne seroit pas moins intéressant pour vous, MESSIEURS, j'arrêterois vos regards sur cet illustre Chancelier, qui après RICHELIEU, employa ses talens & son pouvoir à soutenir les intérêts & l'honneur des Lettres; car c'est ainsi qu'on les protége.

Au portrait touchant de ce grand Magistrat succéderoit un tableau, dans lequel brilleroient les couleurs les plus éclatantes. Un Roi créateur y paroîtroit entouré des Sciences, des Talens & des Beaux Arts, qui remplis de sa gloire, frappés d'admiration & de reconnoissance, feroient de son trône un monument éternel.

Sur ce trône auguste, s'offriroit enfin à vos yeux un Monarque digne de succéder à LOUIS LE GRAND; un Roi, l'amour de son peuple, un Prince à jamais chéri, sembleroit s'approcher des Muses, les animer & les soutenir avec bonté.

Il daigneroit, adoucissant l'éclat qui l'environne, arrêter sur chacune d'elles des regards pleins d'intérêt, & répandre sur ceux qu'elles inspirent, les trésors de ses bienfaits.

On verroit alors les Sciences surmonter les funestes obstacles que leur opposent la discorde & la guerre ; parcourir plus d'une fois, dans le cours de son règne, les extrémités du monde, pour y porter le nom d'un Monarque, Protecteur des Lettres, tandis que les atteliers de tous les Talens seroient employés à rendre immortels le siècle & le nom de LOUIS LE BIEN-AIMÉ.

Réponse de M. DE BUFFON, *au Discours de M.* WATELET.

MONSIEUR,

Si jamais il y eut dans une compagnie un deuil de cœur général & sincère, c'est celui de ce jour. M. de Mirabaud auquel vous succedez, Monsieur, n'avoit ici que des amis, quelque digne qu'il fût d'y avoir des rivaux : souffrez donc que le sentiment qui nous afflige paroisse le premier, & que les motifs de nos regrets précédent les raisons qui peuvent nous consoler. M. de Mirabaud, votre confrère & votre ami, MESSIEURS, a tenu pendant près de vingt ans la plume sous vos yeux ; il étoit plus qu'un membre de notre corps, il en étoit le principal organe ; occupé tout entier du service & de la gloire de l'Académie, il lui avoit consacré & ses jours & ses veilles ; il étoit, dans votre cercle, le centre auquel se réunissoient vos lumières qui ne perdoient rien de leur éclat en passant par sa plume : connoissant par un si long usage toute l'utilité de sa place, pour les progrès de vos travaux Académiques, il n'a voulu la quitter, cette place qu'il remplissoit si bien, qu'après vous avoir désigné, MESSIEURS, celui d'entre nous que vous avez tous jugé convenir le mieux, & qui joint en effet à tous les talens de l'esprit, cette droiture délicate

qui

qui va jufqu'au fcrupule dès qu'il s'agit de remplir fes devoirs. M. de Mirabaud a joui lui-même de ce bien qu'il nous a fait ; il a eu la fatisfaction pendant fes dernières années de voir les premiers fruits de cet heureux choix. Le grand âge ne l'avoit point affaiffé, il n'avoit altéré ni les fens ni les facultés intérieures ; les triftes impreffions du temps ne s'étoient marquées que par le deffèchement du corps : à quatre-vingt-fix ans M. de Mirabaud avoit encore le feu de la jeuneffe & la fève de l'âge mur ; une gaieté vive & douce, une férénité d'ame, une aménité de mœurs qui faifoient difparoître la vieilleffe, ou ne la laiffoient voir qu'avec cette efpèce d'attendriffement qui fuppofe bien plus que du refpect. Libre de paffions & fans autres liens que ceux de l'amitié, il étoit plus à fes amis qu'à lui-même ; il a paffé fa vie dans une fociété dont il faifoit les délices, fociété douce quoiqu'intime, que la mort feule a pû diffoudre.

Ses ouvrages portent l'empreinte de fon caractère ; plus un homme eft honnête, & plus fes écrits lui reffemblent. M. de Mirabaud joignoit toujours le fentiment à l'efprit, & nous aimons à le lire comme nous aimions à l'entendre ; mais il avoit fi peu d'attachement pour fes productions, il craignoit fi fort & le bruit & l'éclat, qu'il a facrifié celles qui pouvoient le plus contribuer à fa gloire. Nulle prétention, malgré fon mérite éminent, nul empreffement à fe faire valoir, nul penchant à parler de foi, nul defir, ni apparent, ni caché de

C.

se mettre au-dessus des autres, ses propres talens n'étoient à ses yeux que des droits qu'il avoit acquis pour être plus modeste, & il paroissoit n'avoir cultivé son esprit, que pour élever son ame & perfectionner ses vertus.

Vous, Monsieur, qui jugez si bien de la vérité des Peintures, auriez-vous saisi tous les traits qui vous sont communs avec votre Prédécesseur dans l'esquisse que je viens de tracer ? Si l'art que vous avez chanté pouvoit s'étendre jusqu'à peindre les ames, nous verrions d'un coup d'œil ces ressemblances heureuses que je ne puis qu'indiquer ; elles consistent également & dans ces qualités du cœur si précieuses à la société, & dans ces talens de l'esprit qui vous ont mérité nos suffrages. Toute grande qu'est notre perte, vous pouvez donc, Monsieur, plus que la réparer : vous venez d'enrichir les Arts & notre Langue d'un ouvrage qui suppose, avec la perfection du goût, tant de connoissances différentes, que vous seul peut-être en possédez les rapports & l'ensemble ; vous seul, & le premier, avez osé tenter de représenter par des sons harmonieux les effets des couleurs ; vous avez essayé de faire pour la Peinture ce qu'Horace fit pour la Poësie, *un monument plus durable que le bronze*. Rien ne garantira des outrages du temps ces tableaux précieux des Raphaël, des Titien, des Corrége ; nos arrières neveux regreteront ces chefs-d'œuvres, comme nous regretons nous-mêmes ceux des Zeuxis & des Appelles; si vos leçons savantes sont d'un si grand prix pour nos jeunes Artistes, que ne vous devront pas dans les siècles futurs l'Art lui-même, & ceux qui le cultiveront? Au feu de vos lumières ils pourront réchauffer leur génie, ils retrouveront au moins, dans la fécondité de vos principes & dans la sagesse de vos préceptes, une partie des secours qu'ils auroient tiré de ces modèles sublimes, qui ne subsisteront plus que par la renommée.

www.ingramcontent.com/pod-product-compliance
Lightning Source LLC
Chambersburg PA
CBHW071424060426
42450CB00009BA/2000